Lance et Klonk

Du même auteur chez Québec Amérique

Jeunesse

Granulite, coll. Bilbo, 1992.
Guillaume, coll. Gulliver, 1995.
• MENTION SPÉCIALE PRIX SAINT-EXUPÉRY (FRANCE)
Le Match des étoiles, coll. Gulliver, 1996.
Kate, quelque part, coll. Titan+, 1998.
Lola superstar, coll. Bilbo, 2004.

SÉRIE KLONK
Klonk, coll. Bilbo, 1993.
• PRIX ALVINE-BÉLISLE
Lance et Klonk, coll. Bilbo, 1994.
Le Cercueil de Klonk, coll. Bilbo, 1995.
Un amour de Klonk, coll. Bilbo, 1995.
Le Cauchemar de Klonk, coll. Bilbo, 1997.
Klonk et le Beatle mouillé, coll. Bilbo, 1997.
Klonk et le treize noir, coll. Bilbo, 1999.
Klonk et la queue du Scorpion, coll. Bilbo, 2000.
Coca-Klonk, coll. Bilbo, 2001.
La Racine carrée de Klonk, coll. Bilbo, 2002.
Le Testament de Klonk, coll. Bilbo, 2003.
Klonk contre Klonk, coll. Bilbo, 2004.

SÉRIE SAUVAGE
La Piste sauvage, coll. Titan, 2002.
L'Araignée sauvage, coll. Titan, 2004.
Sekhmet, la déesse sauvage, coll. Titan, 2005.

Adultes

Les Black Stones vous reviendront dans quelques instants, coll. Littérature d'Amérique, 1991.
Ostende, coll. Littérature d'Amérique, 1994. Coll. QA compact, 2002.
Miss Septembre, coll. Littérature d'Amérique, 1996.
Vingt et un tableaux (et quelques craies), coll. Littérature d'Amérique, 1998.
Fillion et frères, coll. Littérature d'Amérique, 2000. Coll. QA compact, 2003.
Je ne comprends pas tout, coll. Littérature d'Amérique, 2002.
Adieu, Betty Crocker, coll. Littérature d'Amérique, 2003.

Lance et Klonk

FRANÇOIS GRAVEL
ILLUSTRATIONS : PIERRE PRATT

ROMAN

QUÉBEC AMÉRIQUE Jeunesse

Catalogage avant publication de Bibliothèque et Archives Canada
Gravel, François
Lance et Klonk
(Bilbo jeunesse; 53)
ISBN 2-89037-675-3
I. Titre. II. Collection.

PS8563.R388L36 1994 jC843'.54 C94-941032-2
PS9563.R388L36 1994
PZ23.G72La 1994

Conseil des Arts du Canada / Canada Council for the Arts

SODEC Québec

Nous reconnaissons l'aide financière du gouvernement du Canada par l'entremise du Programme d'aide au développement de l'industrie de l'édition (PADIÉ) pour nos activités d'édition.

Gouvernement du Québec – Programme de crédit d'impôt pour l'édition de livres – Gestion SODEC.

Les Éditions Québec Amérique bénéficient du programme de subvention globale du Conseil des Arts du Canada. Elles tiennent également à remercier la SODEC pour son appui financier.

Québec Amérique
329, rue de la Commune Ouest, 3e étage
Montréal (Québec) Canada H2Y 2E1
Téléphone: (514) 499-3000, Télécopieur: (514) 499-3010

Dépôt légal: 4e trimestre 1994
Bibliothèque nationale du Québec
Bibliothèque nationale du Canada

Révision linguistique: Diane Martin
Montage: Cait Beattie
Réimpression: mars 2005

CHAPITRE UN

Mon cher Watson,

Viens chez moi samedi prochain, à trois heures pile. On va bien s'amuser.

À bientôt,
Klonk

P.-S.: Apporte cinq mille dollars, en petites coupures.

Il n'y avait rien d'autre dans l'enveloppe que ces quelques lignes rédigées à la hâte sur une feuille de papier quadrillé. Je ne savais trop que penser de ce message, un peu laconique à mon goût. Pour en savoir plus long, j'ai téléphoné chez Klonk.

« Désolé, il m'est impossible de vous répondre pour le moment mais, au son du timbre... »

Bien que je déteste les répondeurs automatiques, j'ai quand même posé toutes les questions qui me passaient par la tête : pourquoi veux-tu que je vienne chez toi ? Pourquoi as-tu besoin d'argent ? Et pourquoi des petites coupures ?

Deux jours plus tard, je n'avais pas encore obtenu de réponse. Peut-être son répondeur était-il en panne ? J'ai téléphoné de nouveau, même résultat. Pas moyen de le joindre.

J'ai essayé une troisième fois, vendredi matin, sans plus de succès. Il ne me restait plus que quelques heures pour trouver cinq mille dollars...

J'étais un peu froissé, je l'avoue. J'aime bien recevoir une invitation, mais je n'apprécie guère qu'on me donne des ordres, surtout quand ces ordres sont incompréhensibles. Cinq mille dollars! C'est une jolie somme, quand même. Klonk imaginait-il que les écrivains sont des millionnaires?

Viens chez moi samedi prochain, à trois heures pile... Klonk habite Québec et moi Montréal. Presque six heures de route, aller-retour, sans même connaître le but du voyage... Ma vieille automobile rouillée tiendrait-elle le coup?

Et puis je n'avais pas que ça à faire, moi. Je suis un père de famille, et tout bon père de famille sait comment occuper ses samedis : lire son journal, surveiller les enfants, tondre la pelouse, faire les courses...

Plus j'y pensais, plus je me disais cependant que mes enfants étaient maintenant des adolescents et qu'ils pouvaient très bien se débrouiller seuls. Que la pelouse, au mois de novembre, n'avait pas tellement besoin d'être tondue et que je pouvais tout aussi bien faire mes courses un autre jour. Bref, je n'avais aucune échappatoire. Je suis donc allé à la banque retirer tout ce que je pouvais : trois mille quatre cents dollars, en billets de dix et de vingt. Si ce n'était pas suffisant, tant pis pour Klonk. Il n'avait qu'à être plus précis. Et samedi, au début de l'après-midi, j'étais sur la route de Québec, en souhaitant que ma vieille bagnole tienne le coup.

Pourquoi ai-je accepté de me plier à ces ordres ? Parce que je ne pouvais rien refuser à Klonk, le seul véritable ami que j'aie eu de toute ma vie. Quand nous avions onze ans, nous habitions dans le même quartier et nous étions tous les deux de grands amateurs des aventures de Sherlock Holmes. Parfois, quand nous étions confortablement installés dans sa chambre pour lire un livre de notre héros préféré, j'observais Klonk : il se concentrait quelques instants sur sa lecture et aussitôt il disparaissait de la pièce. Ce n'est pas une façon de parler, *il disparaissait vraiment*. D'abord les pieds, puis les jambes, puis tout le reste du corps. Était-il devenu invisible, voyageait-il dans le temps ou dans l'espace ? Impossible de le savoir. Klonk ne le savait pas, lui non plus. Tout cela se faisait malgré lui. Il lui suffisait d'ouvrir un livre et aussitôt il s'effaçait.

À l'époque, je pensais que son infirmité avait peut-être quelque chose à voir avec ce mystérieux pouvoir. Klonk avait en effet été victime de la poliomyélite et son bras gauche était minuscule. Peut-être était-ce à cause de cette maladie que son cerveau s'était transformé et qu'il réussissait à se concentrer cent fois plus que les autres ?

Avant que j'aie réussi à percer ce mystère, la vie nous avait

séparés. Ses parents avaient déménagé à Québec et Klonk avait évidemment été obligé de les suivre : à onze ans, on n'a pas le choix. C'est ainsi que nous nous sommes perdus de vue pendant de trop longues années.

J'avais presque oublié mon ami d'enfance quand je l'ai enfin revu, l'année dernière, au Salon du livre de Québec. J'étais devenu auteur de livres pour enfants et lui inventeur. Nous avions alors tous les deux quarante ans, mais notre amitié était encore intacte.

Klonk m'avait invité chez lui et m'avait raconté des choses étranges : il était maintenant convaincu que c'était grâce aux ondes de son cerveau qu'il réussissait à disparaître lorsqu'il se concentrait sur un livre. Avec le temps, il avait réussi à contrôler ces ondes à tel point qu'il était devenu suffisamment riche pour ne plus avoir à travailler ; il se consacrait donc entièrement à ses expériences. De quelles expériences s'agissait-il? Je l'ignorais totalement.

Quand nous étions encore des enfants, Klonk et moi, nous avions eu beaucoup de plaisir à lire des romans d'aventures. Se pouvait-il que nous commencions enfin à les vivre? Est-ce que je deviendrais vraiment, comme il me l'avait proposé, le docteur Watson de Sherlock Klonk? Plus je roulais en direction de Québec, plus je me sentais inquiet.

CHAPITRE DEUX

Il était deux heures trente quand je suis enfin arrivé à Québec. J'avais roulé d'une seule traite et j'étais un peu courbaturé en sortant de mon automobile. Comme j'étais en avance, j'ai décidé de marcher dans les rues de son quartier, histoire de prendre l'air. Rester enfermé pendant plus de deux heures dans un vieux paquet de tôle qui pue l'essence n'a rien de bien agréable.

Le quartier où vivait Klonk était paisible et visiblement riche. Les maisons étaient immenses, les terrains vastes comme des terrains de football et couverts de belles pelouses et de grands arbres. Il y avait de quoi me rendre jaloux, moi qui habite une petite maison bien ordinaire. Ma jalousie s'est un peu estompée cependant quand j'ai remarqué que la plupart de ces maisons étaient entourées de grands murs de pierre et qu'on ne pouvait y accéder qu'en franchissant de lourdes grilles de métal. À quoi sert-il d'être riche si c'est pour vivre derrière des murs et des barreaux, comme des prisonniers?

La maison de Klonk n'était ni la plus grande ni la plus riche, mais c'était sûrement la plus mystérieuse de toutes. Personne ne semblait prendre soin du terrain, tellement envahi d'arbres et de broussailles qu'il fallait presque, pour arriver à la porte, se frayer un sentier à coups de machette. La maison elle-même, toute de pierres grises, était couverte de dizaines et de dizaines de tourelles, comme si les plans en avaient été dessinés par un architecte fou. Et il fallait être un peu fou, assurément, pour installer sur chacune de ces tourelles toutes sortes d'antennes tarabiscotées.

Pourquoi Klonk habitait-il une maison aussi étrange? Ces antennes bizarres lui servaient-elles à capter les fameuses ondes dont il m'avait tant parlé? J'aurais pu le lui demander, bien sûr, mais j'allais bientôt découvrir que mon vieil ami ne répondait jamais aux questions qu'on lui posait. Son esprit, sans cesse occupé à de mystérieuses réflexions, semblait toujours ailleurs, comme s'il vivait dans un autre monde.

— Tu es là, enfin! Où est ton automobile? Pas trop loin, j'espère? Il faut y aller tout de suite, pas de temps à perdre! Tu as apporté l'argent?

J'étais là, sur le seuil de la porte, encore estomaqué qu'il m'ait ouvert avant même que j'aie eu le temps de sonner. Ses mystérieuses ondes lui avaient-elles permis de sentir ma présence? Peut-être aussi considérait-il comme tout naturel que je me trouve là à l'heure convenue? Je n'appréciais pas tellement son accueil : pas un seul mot de bienvenue, pas la moindre question sur mon voyage... Tout ce qui semblait l'intéresser, c'était l'argent!

— Je n'ai pas pu trouver les cinq mille dollars que tu voulais.

— Comment, tu n'as rien du tout?

— Seulement trois mille quatre cents dollars. Je ne suis pas très riche...

— Bon, c'est mieux que rien... C'est *ça*, ton automobile? Et tu es venu de Montréal *là-dedans?*

— *Ça*, c'est mon automobile, oui, et c'est *là-dedans,* comme tu dis, que j'ai roulé pendant deux heures pour venir te voir. Je ne sais pas encore pourquoi, d'ailleurs.

— Excuse-moi, je ne voulais pas te froisser. Je t'expliquerai ce que j'attends de toi en temps et lieu, ne t'inquiète pas. Donne-moi ton argent et partons tout de suite. Je t'indiquerai le chemin.

▲▲▲

Nous avons roulé pendant plus d'une heure dans les petites rues de Québec et de sa banlieue, dans des quartiers tout aussi sinistres les uns que les autres. Klonk, qui ne voulait toujours rien m'expliquer, me demandait parfois d'arrêter devant un restaurant ou un bar d'allure un peu louche. Il sortait de mon automobile, seul, et me demandait de l'attendre en gardant le moteur en marche. Je le voyais entrer dans le restaurant et en ressortir, quelques instants plus tard, en regardant à droite et à gauche d'un air inquiet, comme s'il se sentait traqué. Il s'engouffrait ensuite dans mon auto et me demandait aussitôt de repartir.

Nous sommes allés ainsi dans trois ou quatre restaurants et un bon nombre de salles de billard. Chaque fois qu'il en sortait, il semblait préoccupé et déçu. Le dernier endroit où il m'a ainsi emmené était un bar de danseuses nues. Alors qu'il n'était resté que quelques minutes dans les autres restaurants, il s'était attardé dans ce bar pendant presque une demi-heure. Je l'attendais, dans mon auto, de plus en plus enragé. Pourquoi est-ce que je restais là, à ne rien faire, pendant qu'il dépensait mon argent dans un club de danseuses nues? De plus en plus choqué, je m'apprêtais à aller le rejoindre quand je l'ai vu enfin sortir. Il affichait, pour une fois, un air satisfait.

— Il était temps que je réussisse, me dit-il en ouvrant la portière, j'ai dépensé tout ton argent!

— Tout mon argent? Tu as dépensé trois mille quatre cents dollars pour aller regarder des danseuses nues?

— Quelles danseuses? Il y avait des danseuses? Je n'ai pas remarqué... Bon, nous avons bien travaillé. Si nous allions manger, maintenant?

— Je te signale que je n'ai plus un sou en poche. Si tu veux manger, il va falloir que tu paies.

— Bien sûr que je paierai, ne t'inquiète pas, voyons! Tu n'as pas confiance en moi?

J'ai préféré ne pas lui répondre.

▲ ▲ ▲

Quelques instants plus tard, nous étions tous les deux installés dans un des meilleurs restaurants de Québec, attablés devant un véritable festin arrosé du meilleur vin.

J'aurais mangé avec grand

abaret
danseuses nues

plaisir si je n'avais été aussi irrité par l'attitude de mon ami : à la fin du repas, malgré que je l'aie pressé de questions, je ne savais toujours pas comment il avait dépensé mon argent, ni ce qu'il attendait de moi. Ce n'est qu'une fois le dessert terminé qu'il a enfin consenti à éclairer ma lanterne. En un sens, il avait bien fait d'attendre : m'aurait-il parlé plus tôt que je me serais sûrement étouffé.

— C'est tout simple : j'ai parié sur le résultat du match de hockey de ce soir. Si les Nordiques marquent au moins trois buts de plus que leurs adversaires, tu gagnes dix fois ta mise.

— Et... s'ils perdent ?

— Tu perds tout, évidemment. Il faut absolument qu'ils marquent au moins trois buts de plus, sinon tu peux dire adieu à ton argent. Mais ne t'inquiète pas, ils vont gagner.

— ... Contre qui jouent-ils ?

— Les Penguins de Pittsburgh...

— Les Penguins ? T'attends-tu vraiment à ce que les Nordiques gagnent contre une des meilleures équipes de la ligue ? Tu es complètement fou !

— Je ne crois pas, non. Penses-tu que j'aurais risqué ton argent si je n'avais été absolument certain que les Nordiques allaient l'emporter ? Nous ne tarderons d'ailleurs pas à le savoir : la partie commence dans dix minutes. Nous avons tout juste le temps de nous rendre au Colisée.

CHAPITRE TROIS

D'accord, Klonk avait payé le repas au restaurant, de même que les billets pour la partie de hockey (d'excellents billets, d'ailleurs : nous étions assis tout juste derrière le banc des Penguins), mais je ne pouvais pas m'empêcher de penser que ma soirée me coûtait cher : trois mille quatre cents dollars, sans compter l'essence... Tout cet argent était irrémédiablement perdu. À moins, bien sûr, que les Nordiques l'emportent avec trois buts d'avance... Jamais je n'avais tant souhaité une victoire des Nordiques, moi qui suis pourtant un farouche partisan des Canadiens.

À mi-chemin de la première période, ce qui devait arriver arriva : les Penguins comptaient un but en avantage numérique. Deux minutes plus tard, pour ajouter à l'injure, ils en marquaient un autre, en désavantage numérique celui-là.

Les Penguins avaient l'air dangereusement en forme et les Nordiques semblaient abattus. Ils jouaient du bout du bâton, comme s'ils avaient déjà abandonné la partie. Quand la sirène a sonné la fin de la première période, la situation était catastrophique : les Penguins menaient par trois à zéro. Les Nordiques devaient donc compter six buts sans riposte pour que je puisse espérer revoir la couleur de mon argent.

— Ne te décourage pas, m'a dit Klonk tandis que nous regardions la Zamboni tourner en rond. Il reste encore deux périodes, tu n'as pas à t'en faire!

— Aurais-tu oublié, par hasard, que c'est *mon* argent que tu as engagé dans ce pari stupide?

J'étais d'autant plus enragé que Klonk me regardait en souriant, parfaitement flegmatique.

— Il est vrai que les Nordiques jouent mal, ce soir. Je vais devoir m'y mettre sérieusement.

Je vais devoir m'y mettre sérieusement! Celle-là, c'était vraiment la meilleure! Klonk revêtirait-il un chandail des Nordiques, irait-il compter six buts à lui tout seul contre une des meilleures équipes de la ligue nationale? Klonk avait quarante ans et n'avait jamais patiné de sa vie! Et puis comment ferait-il pour tenir son bâton avec son petit bras de rien du tout, lui qui avait eu du mal, au restaurant, à tenir sa fourchette pour couper sa viande? Jamais je n'avais entendu propos aussi absurdes.

Je n'ai évidemment rien dit de tout ça à Klonk, même si j'en avais grande envie. J'ai préféré me taire et manger en silence le *pop-corn* qu'il m'avait offert. Je le mangeais lentement, savourant chaque grain : au prix que m'avait coûté cette soirée, autant en profiter.

Dès la première minute de jeu de la deuxième période, le vent a commencé à tourner. Un joueur des Nordiques, profitant d'une très mauvaise passe d'un défenseur des Penguins, a réussi à s'échapper. Seul devant le gardien, il l'a facilement déjoué. Quelques instants plus tard, le gardien des Penguins accordait un autre but, sur un lancer qui paraissait pourtant bien inoffensif.

La foule commençait à croire aux chances de son équipe et criait ses encouragements aux joueurs qui devenaient eux aussi plus combatifs, comme si les applaudissements avaient été des vitamines. À mi-chemin de la deuxième période, le gardien des

Penguins commettait une autre bévue. Le lancer était faible et le gardien semblait avoir tout son temps pour l'arrêter facilement. Au dernier moment, cependant, la rondelle avait fait une courbe vraiment bizarre. On peut lancer des courbes au baseball, bien sûr, à cause des coutures sur la balle, mais je n'avais jamais entendu parler d'un joueur de hockey capable de lancer des courbes!

C'est à ce moment-là qu'un doute a effleuré mon esprit. J'ai regardé Klonk, toujours aussi flegmatique, qui applaudissait calmement. Se pouvait-il qu'il y ait été pour quelque chose?

Mon hypothèse était complètement loufoque mais, avec Klonk, on ne sait jamais. Il fallait que j'en aie le cœur net.

—Quel but bizarre, tu ne trouves pas?

—Pas si bizarre : une passe mal faite, un lancer qui change de trajectoire... Il suffit de bien peu de choses pour modifier l'allure d'un match de hockey...

— Tu veux dire que c'est toi qui...

— As-tu déjà entendu parler de la télékinésie? Certaines personnes ont le pouvoir, en se concentrant sur un objet, de le déplacer sans le toucher, par la seule force de leur pensée. J'ai lu un livre là-dessus, il y a longtemps, et j'ai essayé, pour m'amuser. Au début, je me suis entraîné avec des cuillers et des fourchettes. Je suis bientôt devenu si habile que je n'avais même plus besoin de me lever, après le repas : il me suffisait de me concentrer un peu pour remplir mon lave-vaisselle, verser le détergent dans le distributeur et mettre l'appareil en marche. C'était amusant, bien sûr, mais assez futile. En y réfléchissant un peu, je me suis dit que si je pouvais déplacer des ustensiles, je pourrais peut-être en faire autant avec des rondelles de hockey, des balles de baseball...

— Et tu pariais de l'argent?

— Quelquefois, oui, pour financer mes expériences. Les séries mondiales de baseball, le Super Bowl, le basket-ball... J'ai essayé la boxe, aussi, mais sans trop de succès, je dois l'avouer. On peut toujours agir à distance sur un ballon ou une balle, mais les boxeurs sont tellement forts... C'est fou ce que les gens sont prêts à parier. Je ne comprends pas pourquoi, d'ailleurs. J'aime bien les paris, moi aussi, mais je déteste le hasard. Maintenant, tu m'excuseras, il faut que j'aide encore un peu les Nordiques. Ensuite, je les laisserai se débrouiller tout seuls. Il ne faut jamais exagérer, tu comprends, sinon les gens finiraient par se douter de quelque chose.

Deux minutes plus tard, un défenseur des Penguins commettait une autre gaffe. Il voulait dégager son territoire mais la rondelle, comme par magie, s'était retrouvée sur le bâton d'un joueur des Nordiques, qui n'allait pas rater une aussi belle chance de marquer. Quatre à trois. Dans le Colisée, la foule était survoltée. Moi aussi : Klonk avait parié mon argent à dix contre un, cela signifiait donc que, si les Nordiques marquaient encore deux buts, j'empocherais trente quatre mille dollars !

▲ ▲ ▲

Les Nordiques avaient évidemment gagné le match (le score final avait été de huit à quatre) et, pour couronner le tout, j'emportais avec moi un précieux souvenir : une rondelle qui avait dévié dans les estrades et qui, après une curieuse trajectoire, avait atterri directement dans mes mains. Merci, Klonk!

Nous étions ensuite retournés dans le bar où Klonk avait parié mon argent puis nous sommes rentrés chez lui prendre un dernier verre.

Inutile de dire que j'étais le plus heureux et le plus soulagé des hommes de la terre, et que j'avais pardonné à Klonk ses attitudes bizarres.

CHAPITRE QUATRE

Il était presque une heure du matin quand nous nous sommes retrouvés dans le salon de Klonk, assis dans de confortables fauteuils, en face d'un feu de foyer qui s'était allumé d'une étrange façon : les bûches s'étaient empilées comme par magie puis une allumette, sortie toute seule de la boîte, était allée se frotter sur une pierre avant d'enflammer le papier froissé. J'aurais pu, de la même manière, me faire remplir un verre de brandy par une bouteille qui flottait dans le salon, mais j'ai décliné l'offre de Klonk : je devrais bientôt rentrer à Montréal, pas question de boire de l'alcool.

Je n'en revenais pas encore de ma chance : un seul match de hockey m'avait rapporté plus de trente mille dollars, de quoi me payer une automobile neuve, et bien plus encore! C'est alors qu'un doute a traversé mon esprit : tout cela était-il honnête?

— Il n'y a pas de problème, m'a dit Klonk. Le bar où nous sommes allés appartient à la pègre. Voler des voleurs, ce n'est pas du vol, surtout quand c'est pour une bonne cause.

— Tu n'as rien parié pour toi?

— Non. Je suis déjà suffisamment riche, comme tu peux le voir. En fait, j'ai organisé cette soirée pour te montrer un petit échantillon de mes pouvoirs. J'espère que tu me feras confiance, désormais.

Il y avait un peu d'ironie, je pense, dans cette dernière phrase, mais Klonk n'a pas insisté. Il a bu une petite gorgée de brandy, puis son regard s'est promené dans le salon, s'attardant longuement sur sa magnifique bibliothèque débordant de livres anciens, reliés en cuir. Comme il paraissait se livrer à de profondes réflexions, je n'ai pas osé l'interrompre. Je pensais à ces mystérieux pouvoirs et j'imaginais tout ce que je pourrais faire si, comme Klonk, j'avais la capacité de déplacer des objets à distance. Je parierais sur des matchs de hockey, bien sûr, mais je pourrais aussi devenir un magicien célèbre, ou bien...

L'ennui, pensais-je en regardant le foyer, c'est que je ne deviendrais jamais comme Klonk. Quand j'étais enfant, je n'avais jamais réussi, malgré tous mes efforts, à disparaître en lisant un livre. J'avais déjà entendu parler de la télékinésie et j'avais essayé, comme tout le monde, de déplacer des objets à distance, mais je n'y étais jamais parvenu. Je suis un homme normal, sans aucun pouvoir, pas même sur mes enfants : quand je leur ordonne de ranger leur chambre, ils ne m'obéissent jamais. Un homme normal, oui, mais j'avais quand même la chance d'avoir un ami qui, lui, possédait des dons extraordinaires...

Klonk buvait toujours de petites gorgées de brandy et il semblait inquiet. Son front était tout ridé, et son regard si intense que j'en sentais presque la chaleur.

— À quoi penses-tu? ai-je fini par lui demander.

— Je pense à l'organisation qui contrôle les paris sportifs. À tous ces gens qui parient sans se douter qu'ils n'ont aucune chance de gagner...

— Veux-tu dire que la pègre contrôle les résultats des matchs?

— Pas vraiment, non, quoiqu'il leur soit déjà arrivé de corrompre certains joueurs : il suffit de payer une forte somme à un gardien de but pour qu'il soit un peu moins vigilant qu'à l'ordinaire. Et puis tu te souviens sûrement de ce chronométreur, au Forum de Montréal, qui s'organisait toujours pour que l'horloge arrête sur un chiffre pair. Les amateurs de hockey pariaient sur le temps du dernier but en achetant des billets...

— Sur lesquels il n'y avait que des chiffres impairs, je me souviens, oui. Mais il y a longtemps de ça, non? Le gardien de but dont tu parles a été condamné, le chronométreur a été congédié...

— Le menu fretin a été arrêté, comme d'habitude, mais les gros poissons nagent toujours, tu peux me croire. Si j'avais l'air préoccupé, tantôt, c'était parce que je me demandais ce qui se passerait si cette organisation pouvait profiter de mes pouvoirs...

— Tu peux compter sur moi, Klonk, je serai muet comme une carpe dans une tombe. Pas un mot sur cette affaire, pas même à ma femme et à mes enfants. Je leur raconterai que tu m'as donné cet argent, c'est tout.

— Parfait. Il ne faudrait pas non plus que tu écrives un livre là-dessus.

— Tu sais bien que personne ne me croirait!

— Bon, je te fais confiance. Mais je ne veux pas te retenir plus longtemps. Il est tard et tu dois rentrer à Montréal... Pas trop fâché de ta visite?

Autant il avait l'air préoccupé deux minutes plus tôt, autant il paraissait maintenant détendu. Nous avons encore bavardé quelques instants, puis il est venu me reconduire à mon automobile.

— La prochaine fois que je viendrai te voir, ce sera sûrement dans une automobile neuve!

— Bonne idée. Téléphone-moi aussitôt que tu l'auras achetée. Je suis toujours à la maison, tu n'auras aucun problème à me joindre. N'oublie pas de me téléphoner, j'y tiens! Bon voyage!

En rentrant chez moi, cette nuit-là, je n'en revenais pas de la chance que j'avais eue (mais peut-on parler de chance?) et j'étais de fort bonne humeur. Je revoyais les faits saillants du match, je me promettais de lire les pages sportives des journaux, le lendemain, pour voir comment les journalistes décriraient la rencontre, et je pensais surtout à ma vieille automobile, dont je pourrais enfin me débarrasser. J'étais bien loin d'imaginer que Klonk m'avait entraîné, bien malgré moi, dans une aventure qui ne faisait que commencer.

CHAPITRE CINQ

Le lundi suivant, j'échangeais ma vieille bagnole contre une magnifique automobile neuve, la plus belle que je me sois offerte de toute ma vie. Un puissant moteur, des fauteuils confortables, une bonne radiocassette avec quatre haut-parleurs d'excellente qualité, un toit ouvrant pour m'aérer les esprits... Jamais je ne m'étais payé un tel luxe.

Aussitôt rentré à la maison avec ma nouvelle automobile, j'ai tenté de téléphoner chez Klonk pour lui annoncer la nouvelle, mais je me suis buté, une fois de plus, à son répondeur. *Désolé, il m'est impossible de vous répondre...* En parlant très vite, comme on le fait toujours quand on parle à un répondeur, j'ai dit à Klonk que je le remerciais encore pour l'excellente soirée qu'il m'avait fait passer, que j'avais acheté une magnifique automobile, que j'avais hâte de la lui montrer et que j'attendais avec impatience son appel.

Le lendemain soir, comme il ne m'avait toujours pas rappelé, je téléphonais de nouveau. *Désolé, il m'est impossible de...* Rien ne servait de répéter le même message, j'ai donc raccroché avant la fin de l'enregistrement. C'est à ce moment-là que j'ai commencé à avoir de sérieux doutes. Pourquoi Klonk ne répondait-il pas ? Était-il parti en voyage et, en ce cas, pourquoi ne m'en avait-il rien dit ? Se livrait-il à quelque nouvelle expérience qui lui demandait toute sa concentration ? Mais pourquoi avait-il insisté pour que je l'appelle aussitôt que j'aurais ma nouvelle automobile ?

…il est im-possible…!
et bla bla bli

Mercredi matin, de plus en plus inquiet, je lui ai envoyé un télégramme, en spécifiant bien qu'il devait lui être remis en mains propres. S'il ne répondait pas au téléphone, peut-être ouvrirait-il sa porte? À quatre heures, je recevais un appel de la compagnie de télégrammes : personne n'était venu répondre au messager.

En raccrochant l'appareil, j'ai eu l'intuition que quelque chose de grave était arrivé à Klonk. Comme il n'y avait pas moyen de le joindre autrement, j'ai décidé de prendre aussitôt la route pour Québec.

▲▲▲

Ma nouvelle automobile roulait comme un charme et j'aurais sûrement fait un excellent voyage si je n'avais pas été aussi soucieux. Je songeais sans cesse à l'air inquiet de Klonk quand il me parlait de l'organisation qui contrôlait les paris. *Imagine-toi ce qui se passerait, m'avait-il dit, si ces gens-là étaient au courant que j'ai le pouvoir de modifier les résultats des matchs de hockey...*

Plus j'y réfléchissais, plus j'étais convaincu que Klonk en savait bien plus que ce qu'il avait voulu me raconter.

Cent dix, cent vingt, cent trente kilomètres à l'heure, l'automobile était tellement puissante que je ne sentais aucune vibration. Je roulais ainsi quelques instants puis je me disais que je m'inquiétais sûrement pour rien, que Klonk était peut-être perdu dans ses pensées, comme ça lui arrivait si souvent, et que je ne serais pas plus avancé si je me faisais arrêter par la police. Je ralentissais un peu, puis mes inquiétudes me regagnaient aussitôt et j'appuyais une fois de plus sur l'accélérateur. Si quelqu'un m'avait suivi, il aurait sûrement trouvé que j'étais le pire conducteur sur la terre.

Il était six heures trente quand je suis enfin arrivé devant la maison de Klonk. Toutes les fenêtres étaient illuminées et je me suis aussitôt senti rassuré : Klonk était sûrement chez lui, confortablement installé au salon, lisant un bon livre. Je m'étais inquiété pour rien.

J'ai sonné à la porte. Aucune réponse. J'ai sonné de nouveau, prêtant l'oreille au moindre bruit. Toujours rien. C'est à ce moment-là que j'ai remarqué que le chambranle était brisé et qu'il suffisait de pousser la porte pour qu'elle s'ouvre, sans la moindre résistance.

Je n'ai pas hésité une seconde et je suis entré. Dans le salon, les meubles avaient été renversés et les vieux livres de Klonk, qui lui étaient si précieux, jonchaient le sol. J'ai fait le tour des pièces, mort d'inquiétude à l'idée que je trouverais peut-être le cadavre de mon ami.

Aucune trace de Klonk. Toutes les pièces étaient vides.

J'ai relevé un des fauteuils du salon et je m'y suis assis pour réfléchir. Je ne pouvais pas croire à un simple cambriolage : pourquoi les voleurs n'auraient-ils fouillé qu'une seule pièce? Je devais donc me rendre à l'évidence : Klonk avait été enlevé. Sans doute avait-il résisté un peu, d'où les traces de bagarre, mais les bandits n'avaient sûrement eu aucun mal à le maîtriser. Avec son petit bras de rien du tout, Klonk ne pouvait pas se battre bien longtemps. Les agresseurs l'avaient ensuite emmené quelque part et peut-être étaient-ils en train de le torturer pour lui faire avouer son secret...

Que faire? Comment l'aider? Prévenir la police? Mais comment expliquer aux policiers que mon ami avait le pouvoir de

modifier la trajectoire des rondelles de hockey par la seule force de sa pensée et qu'il avait sûrement été enlevé par une organisation de bandits qui voulait profiter de ses dons pour faire des paris truqués?

Plus j'y réfléchissais, plus je me disais que personne ne me croirait. Je n'avais donc plus qu'à me lancer, seul, sur la piste des ravisseurs. Voilà qui est facile à dire, mais un peu moins facile à faire. Est-ce que je devais me promener dans la pièce avec une loupe, comme Sherlock Holmes, à la recherche d'un morceau de tissu, d'une trace de boue ou d'un mégot de cigarette que les bandits auraient laissé, par miracle, sur les lieux du crime?

L'ennui, c'est que je ne suis pas Sherlock Holmes. Si les ravisseurs avaient laissé des indices, j'aurais été bien en peine de les trouver et plus encore de les interpréter. Je suis resté un bon moment assis dans le fauteuil, sans trop savoir quoi faire. À force de réfléchir, cependant, j'ai fini par me convaincre qu'il était tout à fait impossible que Klonk soit mort. Il était sûrement enfermé dans un repaire secret. Pour trouver ce repaire, il me suffirait de quelques centaines de dollars...

J'ai aussitôt bondi de mon fauteuil et j'ai monté quatre à quatre l'escalier qui menait à l'étage. Dans la chambre de Klonk, bien en vue sur sa commode, j'ai trouvé ce que je cherchais : une carte de guichet automatique. Si tout allait bien, je saurais bientôt ce qui était arrivé à mon ami.

CHAPITRE SIX

J'ai glissé la carte dans la fente et l'ordinateur de la banque m'a aussitôt envoyé le message que je redoutais : *bonjour, quel est votre code ?*

Pour accéder au compte de banque de Klonk, il me fallait deviner son code de cinq chiffres, sinon la machine garderait la carte. Sans argent, je n'aurais aucun moyen de retrouver mon ami. Malgré le froid du mois de novembre, je sentais des sueurs me couler dans le dos en regardant les touches du clavier. Quels chiffres choisir? En tapant au hasard, je n'avais qu'une chance sur dix millions... Mais je me suis mis dans la peau de mon ami et je me suis demandé quel code j'aurais choisi si, depuis mon enfance, j'avais eu le surnom de Klonk. J'ai regardé alors les petites lettres, au-dessus des chiffres... KLONK, évidemment. J'ai donc tapé les lettres, en souhaitant de tout mon cœur que ce soit le bon...

Un instant s'il vous plaît...

Le message n'est apparu que quelques secondes pendant lesquelles j'ai eu le temps de sentir des frissons parcourir mon corps : que se passe-t-il quand on indique un mauvais code? L'ordinateur de la banque prévient-il aussitôt la police?

Combien désirez-vous retirer?

Ouf! J'avais bien deviné. J'ai demandé mille dollars, en espérant que Klonk ait suffisamment de fonds, et bientôt la machine crachait cinquante billets de vingt dollars, de beaux billets tout neufs.

Une autre opération?

J'ai tapé sur la touche *non*, récupéré la carte et regagné mon automobile. La première étape de mon plan s'était bien déroulée, il me restait maintenant à découvrir si j'avais une bonne mémoire.

▲ ▲ ▲

Après avoir tourné en rond dans les rues de la banlieue de Québec, j'ai finalement trouvé ce que je cherchais. J'ai stationné mon automobile dans une rue sinistre et je me suis dirigé tout droit vers un bâtiment carré, écrasé entre deux immeubles et presque complètement caché par une gigantesque affiche au néon représentant une danseuse nue : c'était là que Klonk avait dépensé mon argent.

À peine avais-je ouvert la porte qu'une grosse bouffée d'air chaud et humide, chargé de fumée de cigarettes et d'odeur de bière, me sautait au visage.

C'était plus désagréable encore que d'entrer dans une boutique de nettoyeur, un jour de canicule. Avec cette chaleur, les danseuses ne risquaient certainement pas d'attraper le rhume.

Sur une petite scène mal éclairée, une danseuse venait à peine de commencer son numéro. Elle était vêtue d'une espèce de robe de chambre noire, presque transparente, dont les pans étaient retenus par une ceinture rouge. Elle s'apprêtait à dénouer sa ceinture, sous les regards attentifs des spectateurs, quand je me suis installé au bar.

Le serveur essuyait ses verres sans prêter la moindre attention au spectacle, qu'il avait sûrement vu des centaines de fois. Je lui ai commandé une bière, tout en lui demandant s'il s'intéressait au hockey.

— Un peu, oui...

— Est-ce que les Nordiques jouent, ce soir?

— Oui, contre les Canadiens. Ça devrait être un bon match. Si je n'étais pas obligé de travailler, je le regarderais sûrement à la télévision. D'après moi, les Nordiques devraient l'emporter.

— Non. Les Canadiens vont gagner. Par au moins six buts.

— Par six buts ? Les Canadiens ? Impossible !

— J'en suis pourtant *absolument* certain.

— Seriez-vous prêt à parier ?

— Certainement. Mais, à votre place, je ne parierais pas avec moi : les Canadiens ne peuvent pas perdre.

— Comment pouvez-vous en être aussi certain ?

— Ça, c'est mon secret !

— Attendez un instant, je dois en parler à mon patron...

Tout se produisait exactement comme je l'avais espéré. Le serveur a quitté le comptoir et s'est dirigé vers le fond de la pièce. Il a frappé à une petite porte, quelqu'un lui a dit d'entrer, et il a disparu. J'ai à peine eu le temps de boire deux gorgées de bière que le garçon revenait vers moi :

— M. Thibodeau désire vous voir...

Je me suis levé et je me suis dirigé vers la porte, en tremblant un peu. Si tout continuait à se dérouler comme prévu, je ne tarderais pas à revoir Klonk. Quant à savoir si je serais capable de le sauver, c'était une autre paire de manches.

CHAPITRE SEPT

Dans les films, les comédiens qui jouent les rôles de chefs de la pègre sont souvent gros, laids, antipathiques et ils fument d'énormes cigares. Ceux qui jouent les rôles de tueurs à gages sont, quant à eux, plutôt petits et maigres. Ils ont l'air encore plus cruels que leur patron, si une telle chose est possible. Ils sont souvent vêtus d'une chemise noire et d'une cravate blanche, et portent toujours un petit chapeau ridicule. Rien qu'à voir leurs vêtements, on sait déjà qu'ils sont coupables, si bien qu'on se demande pourquoi le héros ne les arrête pas tout de suite au début du film.

Dans la vraie vie, bien sûr, ce n'est pas tout à fait la même chose. Quand je suis entré dans le bureau du patron du bar, je m'attendais à trouver un petit local crasseux, aux murs recouverts de photos de filles nues. La pièce était au contraire propre et bien aménagée, et j'ai été bien étonné de voir M. Thibodeau occupé à tenir la comptabilité de son établissement sur son ordinateur personnel.

Loin d'être une boule de graisse antipathique avec des bagues à chaque doigt, Thibodeau était un homme dans la cinquantaine, impeccablement vêtu et très poli. Ses cheveux blancs étaient si bien taillés qu'il semblait sortir tout droit de chez le coiffeur. Au premier abord, il semblait parfaitement honnête, aussi honnête en tout cas qu'un vendeur d'automobiles ou qu'un politicien. Plus je l'observais, plus je me disais cependant qu'il était un peu trop propre à mon goût. Je me méfie des gens trop

bien habillés. S'ils soignent tant leur apparence, ce n'est souvent que pour mieux s'en prendre à votre portefeuille.

— Mon employé m'a dit que vous vouliez parier sur le match de ce soir...

— En effet, je suis prêt à parier mille dollars que les Canadiens vont gagner le match. Plus encore, je parie qu'ils vont compter six buts de plus que les Nordiques.

— C'est un pari risqué... Vous voulez du cinq contre un? Dix contre un?

— Pas du tout, non. Un contre un. Je suis certain de gagner et je m'en voudrais de vous faire perdre trop d'argent.

— Qu'est-ce qui vous permet d'être aussi sûr de votre coup?

— Ça, c'est mon secret.

Aussitôt ces paroles prononcées, j'ai aperçu une lueur de cupidité traverser ses yeux. Pas de doute, j'étais tombé sur la bonne personne.

— Seriez-vous prêt à augmenter la mise? J'ai quelques amis, voyez-vous, qui aiment bien parier eux aussi...

— Je pourrais parier dix mille dollars, mais je préfère m'en tenir à mille. Au risque de me répéter, je m'en voudrais de vous faire perdre trop d'argent. Vous n'avez aucune chance de gagner.

— Pari tenu... J'imagine que vous avez votre billet pour le match de ce soir?

— À vrai dire, non. Je pensais m'en procurer un sur place. Il doit bien y avoir quelques revendeurs aux abords du Colisée...

— Pourquoi ne viendriez-vous pas avec moi? J'ai justement une paire d'excellents billets et je suis bien curieux de suivre ce match avec vous...

— ... Pourquoi pas?

— Parfait, parfait... Attendez-moi au bar, le temps de donner quelques coups de fil, et je suis à vous.

CHAPITRE HUIT

Assis au bar, devant un verre que m'avait gracieusement offert le serveur (il semblait maintenant me considérer comme un client très important), je ne savais pas si je devais me réjouir ou m'inquiéter.

Mon plan, jusque-là, avait marché comme sur des roulettes. Le patron du bar était sûrement un des chefs de l'organisation dont m'avait parlé Klonk. Il ne me fallait en effet pas beaucoup d'imagination pour deviner que mon ami, le samedi précédent, avait agi exactement comme je venais de le faire. Il avait rencontré cet homme, parié mon argent sur le résultat du match de hockey, prévoyant une victoire des Nordiques avec un écart de trois buts. Le patron avait accepté le pari, qu'il avait évidemment perdu. Soupçonnant que Klonk avait quelque pouvoir secret, il l'avait fait enlever...

En me présentant à son bureau, quelques jours plus tard, et en faisant comme si j'avais, moi aussi, la capacité de prévoir les résultats des matchs de hockey, j'avais piqué sa curiosité, d'où la lueur de cupidité que j'avais vue dans ses yeux. Ce n'était évidemment pas par gentillesse qu'il m'avait proposé un billet pour le match. Il voulait simplement vérifier si j'avais bel et bien les talents que je prétendais avoir. Si le résultat de la partie était conforme à mes prévisions, la suite n'était pas difficile à deviner.

Mais ce scénario était peu probable : je n'avais, heureusement, aucun talent pour la télékinésie. Les Canadiens n'avaient qu'une chance sur deux de gagner le match, et une chance sur un million de compter six buts de plus que les Nordiques. Dans le pire des cas, je perdrais l'argent que j'avais *emprunté* à Klonk, voilà tout. Le patron du bar ne s'intéresserait plus à moi, mais moi, je continuerais à m'intéresser à lui. Je le suivrais pendant quelques jours, jusqu'à ce que je trouve l'endroit où Klonk était enfermé...

Plus je pensais à mon plan, plus je me disais qu'il n'était vraiment pas génial, mais je n'avais pas le choix.

Peut-être aurais-je quand même dû prévenir la police? Trop tard : le patron venait s'asseoir à mes côtés.

— Il n'y a rien comme un petit pari pour donner de l'intérêt à un match de hockey... Allons-y, ça va commencer dans quelques instants.

Mille dollars, un petit pari? J'ai terminé mon verre en vitesse, de plus en plus inquiet : jamais je n'avais rencontré quelqu'un qui considérait que mille dollars était un *petit pari*. Un homme comme celui-là pouvait sûrement se payer tout ce qu'il voulait, y compris des tueurs à gages...

En sortant du bar, j'ai à peine eu le temps de constater que la danseuse, sur la scène, avait fini son numéro et remettait sa robe de chambre noire. Inquiet comme je l'étais, je comprenais pourquoi Klonk ne l'avait même pas remarquée.

CHAPITRE NEUF

Jamais je n'aurais cru, moi qui suis un farouche partisan des Canadiens, que d'assister à un match de mon équipe préférée se transformerait en un tel cauchemar. Depuis cette sinistre soirée, il m'est impossible de regarder une partie, même à la télévision, sans mourir d'inquiétude.

J'avais pourtant, une fois de plus, d'excellents billets, si près du banc des punitions que je pouvais ressentir les vibrations quand les joueurs punis claquaient la porte. Si j'avais été en compagnie de mon meilleur ami, ou même d'un ami ordinaire, j'aurais sûrement passé d'excellents moments. Mais j'étais assis à côté de Thibodeau, un répugnant personnage qui n'hésiterait sans doute pas à me tuer pour en arriver à ses fins. Comme s'il voulait que je n'oublie jamais sa présence, il avait cru bon de s'asperger d'un parfum écœurant qui me sautait au nez chaque fois que je me tournais vers lui.

Je me faisais sans doute des illusions, mais il me semblait que la chaleur qui régnait au Colisée était écrasante, si bien que je craignais que la glace ne fonde. (Au fond, c'est ce que je souhaitais : qu'on annule la partie, et que je sorte enfin de ce cauchemar! Dommage qu'on n'ait jamais entendu parler d'une partie de hockey annulée à cause de la pluie...)

J'étais sans doute le seul à souffrir de cette chaleur oppressante. Les joueurs, eux, s'en donnaient à cœur joie, particulièrement ceux du Canadien, qui semblaient avoir des ailes. Dès la première séquence de jeu, ils comptaient un but. *Un but facile, devant lequel le gardien avait paru chancelant...*

Le cauchemar venait seulement de commencer. Une minute plus tard, un défenseur des Nordiques essayait de dégager son territoire mais la rondelle, pourtant lancée avec force, s'est arrêtée mystérieusement avant de quitter la zone. Un joueur des Canadiens s'en est emparé, s'est présenté seul devant le gardien : deux à zéro. En toute autre circonstance, j'aurais bondi pour encourager mon équipe, mais je restais assis, complètement abattu. J'avais tellement chaud que j'espérais qu'un des joueurs freine brusquement devant moi, pour que je sois aspergé de glace fraîche.

Ce qui se produisait était impossible, rigoureusement impossible, à moins que... *À moins que j'aie eu, sans jamais l'avoir su, le même pouvoir que celui de*

Klonk ? Et si c'était moi qui, inconsciemment, avais modifié l'allure de la rencontre ? Peut-être avais-je tellement peur que les ondes de mon cerveau en avaient été transformées ?

J'ai tenté, de toutes mes forces, de me concentrer sur la rondelle, pour influencer le jeu en faveur des Nordiques. J'avais beau me plisser le front tant que je pouvais, je n'arrivais à rien, bien au contraire : les Canadiens, encouragés par leurs succès faciles, marquaient deux autres buts. Quand la sirène a sonné la fin de la première période, le score était de quatre à zéro. Contre toute vraisemblance, ma prévision allait se réaliser !

Un résultat comme celui-là aurait dû me réjouir, moi qui avais parié mille dollars, autant qu'il aurait dû inquiéter Thibodeau, sur le point de perdre son pari. C'était pourtant l'inverse qui se produisait : tandis que j'étais

encore estomaqué par ce résultat inexplicable, mon compagnon semblait, quant à lui, radieux.

— Excellent match, m'a-t-il dit tandis que la Zamboni sortait de son abri. Je me félicite de vous avoir offert ce billet.

— J'aurais préféré que le score soit plus serré, ai-je répliqué. Les Nordiques jouent tellement mal...

— Et vous n'y êtes pour rien, bien sûr!

— Bien sûr que non, comment voulez-vous que j'influence le résultat d'une partie de hockey? Je pense que je vais aller acheter du *pop-corn*...

— Non, vous n'en ferez rien!

Quiconque aurait regardé cet homme à ce moment-là aurait vu une lueur horrible éclairer ses yeux. Ce qu'il m'a dit ensuite a achevé de me décourager :

— Rien ne sert de rester jusqu'à la fin, je suis maintenant convaincu que vous êtes l'homme que je cherche. Le premier nous a échappé bêtement, mais vous, je vous tiens. Vous allez me suivre bien gentiment, je ne voudrais pas trouer mon manteau...

Trouer son manteau? J'ai penché les yeux vers lui, pour constater que son manteau, à la hauteur de la taille, faisait une inquiétante bosse, une bosse qui dissimulait certainement un revolver.

— Non, je ne vous suivrai pas. Vous n'avez pas intérêt à me tuer. Et puis vous n'allez quand même pas tirer un coup de feu dans le Colisée, vous seriez certain de vous faire arrêter.

— Je dois admettre que vous avez raison, mais ne comptez pas vous en sortir facilement, je vous préviens. Je ne vous quitte pas des yeux et mes amis m'attendent impatiemment, à la sortie du Colisée. Vous ne nous échapperez pas.

J'ai tout oublié du reste de la partie. Tout ce que je sais, c'est que les deux autres périodes se sont déroulées beaucoup trop vite à mon goût et que les Canadiens ont fini par l'emporter par le compte de huit à deux. Jamais je n'avais été aussi déçu d'une victoire de mon équipe préférée.

Je suis sorti du Colisée, suivi de Thibodeau, qui se tenait si près de moi que je pouvais sentir son parfum écœurant. À la sortie, pas moyen de m'esquiver : ses deux acolytes, d'inquiétantes brutes affichant un rictus sadique, nous attendaient dans une grosse automobile.

J'étais foutu. Ils allaient m'emmener je ne sais où, me torturer jusqu'à ce que j'avoue n'avoir aucun pouvoir, puis ils se débarrasseraient de moi. Un sacrifice inutile, puisque Klonk avait réussi à leur échapper... À moins que j'essaie de m'enfuir, moi aussi? Oseraient-ils tirer, avec toute cette foule? À peine avais-je eu le temps de me faire cette réflexion que les deux acolytes de Thibodeau se saisissaient de moi et me poussaient violemment dans l'automobile.

CHAPITRE DIX

C'était une grosse automobile américaine, très luxueuse et presque neuve. Le chauffeur, en tournant la clé de contact, s'attendait sûrement à ce que le moteur se mette à ronronner aussitôt. Et pourtant, il ne se produisait rien, absolument rien. Une panne? Se pouvait-il que mes ravisseurs soient victimes d'une stupide panne?

Après deux ou trois essais infructueux, le chauffeur est sorti de l'automobile et a ouvert le capot. Quelques instants plus tard, il revenait s'asseoir.

— Les fils de la batterie étaient débranchés. Ça devrait aller, maintenant.

Il a tourné la clé, sans plus de succès. Le moteur refusait obstinément de démarrer. Le chauffeur, intrigué, est retourné ouvrir le capot.

— Qu'est-ce qui se passe? a demandé Thibodeau quand le chauffeur est venu reprendre sa place.

— Les fils de la batterie, encore une fois. C'est vraiment bizarre, j'étais pourtant certain de les avoir rebranchés.

Une fois de plus, le chauffeur tournait la clé. Une fois de plus, le moteur refusait de démarrer. Ça ne pouvait cependant pas être un problème électrique puisque la batterie semblait fonctionner *un peu trop bien*. La radio s'était en effet allumée toute seule, jouant si fort que tout le monde avait sursauté. Pas moyen de la fermer : le chauffeur appuyait-il sur le bouton qu'elle jouait encore plus fort, et elle changeait même de poste! Plus il s'obstinait à tenter de l'éteindre, plus l'automobile semblait devenir folle. L'antenne montait et descendait sur le capot, les vitres électriques s'abaissaient et remontaient, les clignotants et les essuie-glace fonctionnaient tous ensemble, le coffre arrière s'était ouvert...

Non, ce n'était pas un ennui mécanique. L'automobile n'était pas non plus hantée, comme semblaient le croire les acolytes de Thibodeau. Je commençais à soupçonner qu'il y avait du Klonk là-dessous, et je ne me trompais pas : distraits par les folies de l'automobile, mes ravisseurs n'avaient pas remarqué qu'une dizaine de policiers en uniforme encerclaient maintenant la voiture, pointant leurs armes sur nous.

Thibodeau et ses acolytes sont sortis, les mains sur la tête, et ont aussitôt été conduits dans un panier à salade.

Klonk m'attendait, sur le trottoir, mais je n'ai pas pu aller le voir. Un lieutenant de la police était venu me féliciter : grâce à mon excellent stratagème, affirmait-il, ils avaient enfin réussi à capturer une des pires bandes de tricheurs de la ville, et surtout ce Thibodeau, un des pires chefs de la pègre. Malgré tous les meurtres et les vols qu'il avait commis, ils n'avaient jamais réussi à l'arrêter. Comment avais-je eu l'idée géniale de le prendre par son point faible?

J'étais bien heureux qu'ils aient mis la main au collet de ces hommes, mais j'aurais bien aimé que le lieutenant lâche la mienne. Il n'en finissait plus de me la serrer, sans doute trop heureux de poser ainsi pour la meute de journalistes qui nous encerclaient et nous mitraillaient de leurs flashes.

Je n'y voyais plus rien et j'étais incapable de répondre à toutes les questions qu'on me posait. À peine avais-je le temps de placer un mot qu'on m'en posait une

autre, et une autre encore. Les journalistes sont souvent comme ça : en ne vous laissant pas le temps de répondre, ils peuvent écrire ce qu'ils veulent.

Quand les journalistes ont fini par nous laisser seuls, j'ai tenté d'expliquer au lieutenant que c'était Klonk qui avait manigancé toute cette affaire, et que c'était donc lui qu'il fallait féliciter.

— Klonk, dites-vous? Qui est ce Klonk?

— Il est là...

J'avais l'air d'un imbécile en montrant du doigt l'endroit où, quelques instants plus tôt, se tenait Klonk. Il avait profité de la présence des journalistes pour disparaître, une fois de plus.

CHAPITRE ONZE

J'ai accompagné le lieutenant au poste de police, où j'ai signé toutes les dépositions qui lui étaient nécessaires pour faire condamner Thibodeau. Il était presque minuit quand j'en suis enfin sorti.

Une neige folle tombait sur la ville et je marchais, seul, dans les rues de Québec, profondément soulagé que cette affaire soit enfin terminée.

Je n'étais pas trop pressé d'arriver chez Klonk. Tous les événements que je venais de vivre se bousculaient dans ma tête et je voulais y mettre un peu d'ordre avant de lui demander des explications.

Plus j'y pensais, plus je devais me rendre à l'évidence : Klonk avait tout prévu, jusqu'aux moindres détails. Ce n'est pas pour rien qu'il avait parié mon argent et qu'il m'avait demandé de l'attendre dans mon automobile : je pourrais ainsi retrouver la piste de ses ravisseurs. En me parlant ensuite de ses inquiétudes au sujet de la pègre, il avait semé dans mon cerveau une graine qui ne pouvait que germer, le moment venu...

Klonk savait donc qu'il se ferait enlever, il savait aussi que je viendrais à sa rescousse. Et sa carte de guichet automatique, posée bien en vue sur sa commode? Avait-il tout prévu *à ce point?* N'avais-je été, somme toute, qu'une simple marionnette qu'il avait manipulée à sa guise?

Je marchais lentement, songeant aux rêves que je faisais, quand j'étais jeune, en lisant des romans : si seulement je pouvais vivre de telles aventures, moi aussi... Maintenant que j'en avais vécu une, je me disais que j'aurais préféré rester chez moi, confortablement assis devant mon téléviseur, à regarder un bon film. On peut s'inquiéter en regardant un film, mais on sait d'avance que ça finira bien. Dans la vraie vie...

J'en étais là dans mes réflexions quand je suis arrivé devant la maison de Klonk. Je regardais distraitement la forêt d'antennes qui recouvrait le toit de sa maison quand une idée saugrenue m'a traversé l'esprit : *à quoi pouvaient bien servir toutes ces antennes, sinon à contrôler mes pensées ? Klonk avait-il réussi à s'installer dans mon cerveau ? J'avais eu l'impression de réfléchir, mais c'est lui, en fait, qui m'avait dicté ma façon de me conduire !*

J'étais là, figé, incapable de bouger tant cette idée était révol-

tante. Que mon ami Klonk réussisse à disparaître en lisant des livres, d'accord. Qu'il soit capable de se concentrer sur une rondelle de hockey pour en modifier la trajectoire, passe toujours. Mais qu'il réussisse à contrôler mon cerveau, je n'arrivais pas à l'admettre. Si de tels pouvoirs étaient réellement possibles, cela signifiait que les politiciens pourraient un jour nous enrôler dans n'importe quelle guerre stupide, que les publicitaires pourraient nous faire acheter n'importe quel gadget inutile, que... Non, je ne pouvais pas y croire. Et pourtant, comment expliquer autrement toute cette histoire? Klonk avait bel et bien réussi à s'installer dans mon cerveau, à substituer ses idées aux miennes!

— De belles antennes, n'est-ce pas? Mais elles ne peuvent pas être utilisées pour contrôler les cerveaux, rassure-toi. Il y en a une pour ma télévision, une autre pour les ondes courtes, une autre pour...

J'étais si perdu dans mes pensées que je n'avais même pas remarqué Klonk, qui était sorti de chez lui pour m'accueillir. Il me parlait calmement, sur le ton de celui qui fait visiter sa maison à un ami, mais moi j'étais terrifié : par sa remarque innocente, il venait confirmer mes pires craintes ! *Comment pouvait-il arriver à savoir à quoi je pensais en ce moment précis, sinon en contrôlant mon cerveau ?*

— Ce n'est pas si difficile, m'a-t-il répondu *alors que je ne lui avais même pas posé la question !*

— Quoi ? Que... Qu'est-ce qui n'est pas si difficile ?

— De savoir ce que les gens pensent. Entre donc prendre un verre, je vais t'expliquer.

▲▲▲

J'étais là, confortablement assis dans un fauteuil à oreilles, un verre de brandy à la main, si abasourdi que Klonk aurait pu me faire croire absolument n'importe quoi.

Je devais être bien pâle, j'imagine, puisque mon ami a aussitôt tenté de me rassurer.

— Supposons, me dit-il, que tes deux enfants te montrent chacun un dessin et qu'ils te demandent de choisir le plus beau. Que vas-tu répondre?

— Qu'ils sont différents, mais qu'ils sont aussi beaux l'un que l'autre.

— Exact. Tous les parents réagiraient de la même façon. Supposons maintenant qu'un professeur fasse une erreur au tableau en expliquant un problème de mathématiques et qu'un élève lève la main pour le lui signaler. Que va répliquer le professeur?

— ... Qu'il voulait vérifier si tout le monde suivait.

— Parfait. Rien de plus facile,

comme tu le vois, que de prévoir ce que les gens vont dire. Il est tout aussi facile de savoir à quoi les gens pensent. Il suffit d'observer un peu : supposons maintenant qu'un homme, au milieu de la nuit, examine avec attention de simples antennes de télévision. Supposons, en plus, que cet homme ait été témoin d'un plan particulièrement intelligent, cela dit en toute modestie...

Klonk s'était arrêté de parler pour boire une gorgée de brandy. J'étais un peu rassuré, je dois dire, et j'avais surtout honte de moi : Sherlock Holmes avait si souvent joué ce tour à Watson que j'aurais dû m'y attendre...

— Supposons maintenant que tu entres chez un ami qui n'a pas donné signe de vie depuis trois jours, que tu remarques que la porte a été forcée, que des livres jonchent le sol, comme s'il y avait eu de la bagarre...

— Il n'y en a pas eu?

— Pas du tout, non. Ils ont été très polis. C'est moi qui ai brisé la porte et répandu les livres sur le sol pour que tu comprennes que j'avais été enlevé. Tu as réagi exactement comme je l'espérais, et je t'en félicite. J'ai même pris la peine de laisser ma carte de guichet automatique bien en vue, sur ma commode, au cas où tu aurais besoin d'argent. Comme tu le vois, je n'ai pas eu besoin de placer un micro dans ton cerveau pour savoir comment tu réagirais. Avec de tels indices, cela dit sans vouloir te vexer, n'importe qui aurait compris ce qu'il avait à faire.

— Mais que se serait-il produit si je n'avais rien compris ? Si je n'avais pas deviné ton code ? Ou bien si j'avais été retenu à Montréal ? Ou bien si...

— J'aurais été bien déçu. D'abord de ne pas pouvoir compter sur mon meilleur ami, ensuite de ne pas pouvoir arrêter Thibodeau.

De la façon dont il parlait, tout cela paraissait si évident que j'avais presque honte de lui poser des questions, mais je l'ai fait quand même, au risque de paraître stupide. Pourquoi n'aurait-il pas pu arrêter Thibodeau ?

— Essaie de te mettre dans la peau de ce genre de personnage : tu ne penses qu'à l'argent, tu n'as aucun scrupule et tu gagnes des fortunes en organisant des paris sportifs. Un jour, tu rencontres une personne qui semble avoir le pouvoir de truquer les matchs de hockey. Comment réagis-tu?

— Je l'enlève et j'essaie d'en profiter, évidemment.

— Erreur. Pourquoi prendre des risques inutiles alors qu'il s'agit peut-être d'une simple coïncidence? Il vaut mieux le faire enlever par des hommes de main, et c'est précisément ce que fait M. Thibodeau. Mais voilà que cette personne te glisse entre les doigts, ce qui confirme qu'elle a bel et bien d'étranges pouvoirs...

— Je suis enragé, évidemment. Je viens de perdre une occasion extraordinaire de devenir millionnaire... Ne me dis pas le reste, j'ai deviné : quelques jours plus tard, une autre personne vient voir Thibodeau et affirme, en toute innocence, avoir les mêmes pouvoirs... « Celui-là, se dit-il, ne m'échappera pas. Je vais m'en occuper moi-même... » Je commence à comprendre. Et où est-ce que tu étais, pendant le match de hockey ?

— Quelques rangées derrière toi. Je me suis bien amusé, je dois t'avouer. Te souviens-tu du troisième but des Canadiens ? La rondelle qui freine, soudainement, juste à la ligne bleue...

— Très amusant, en effet, sauf que je n'ai jamais eu aussi peur de ma vie.

— Désolé, il le fallait pour que Thibodeau se compromette. Et puis ne m'as-tu pas déjà dit que tu voulais vivre des aventures? Ça ne fait que commencer, crois-moi. Si tu savais ce que j'ai imaginé!

Je regardais Klonk, qui savourait son brandy et qui semblait savourer encore plus sa dernière réplique. Je ne partageais malheureusement pas son enthousiasme. J'avais eu tellement peur et j'étais si fatigué que je n'avais, pour le moment, qu'une seule envie : rentrer chez moi et prendre une bonne nuit de sommeil. Le lendemain, je mettrais mes pantoufles, je m'installerais devant mon ordinateur pour écrire une histoire, une belle histoire sans aucun risque, une histoire qui finirait bien. Le soir, je regarderais tranquillement la télévision, peut-être même une partie de hockey... Oui, vraiment, je pense que je préfère les pantoufles à l'aventure. Mais est-ce que je pourrais jamais mener une petite vie tranquille avec un ami comme Klonk?

Comme il était presque deux heures du matin et que j'avais encore une longue route devant moi, j'ai pris congé de mon ami. Ce n'est qu'au moment où j'entrais dans mon automobile qu'une idée m'a traversé l'esprit.

— Au fait, ai-je dit à Klonk, qui m'avait accompagné, tu ne m'as toujours pas expliqué comment tu avais réussi à t'enfuir?

— Tu ne devines pas? Tu devrais le savoir, pourtant. Réfléchis un peu : quel est le meilleur moyen de s'évader quand on est enfermé dans une pièce close, sans fenêtre, avec une porte verrouillée à double tour?

J'aurais dû deviner, en effet : on ouvre un bon livre et on s'envole...

Imprimé au Canada par
Transcontinental Métrolitho